So Jae-Ho

시인 소재호

어둠을 감아 내리는 우레

소재호 시집

어둠을 감아 내리는 우레

시학
Poetics

■ 시인의 말

詩는 詩이어야 하고, 사람은 사람이어야 한다고 스스로 다잡는다.

인연이 닿은 이 세상 모든 분들이, 나에게 너무 은혜롭다.

나의 마지막 날에는, 잠시 아름다운 무지개가 되고 싶다.

2009년 11월

소재호

차 례

- 시인의 말
- 발문 | 전정구

제1부 금강산 구룡폭포

무인도	17
바닷가에서	19
따개비, 바다에 눕다	20
전복의 생애	23
해란강 조약돌	24
비 오는 해변	26
혼자가 혼자가 겨운	28
두 개의 등불	30
청둥오리	32
추월산에 오르며	33
무지개	35
모악산에서	37
수침노인정 水枕老人亭	39
금강산 구룡폭포	40
어둠이 내리는 마을	42

제2부 나무와 매미

바람개비　47
봄이 오는 들녘　49
팽이치기　51
어둠을 감아 내리는 우레　53
대추　54
나무와 매미 · 1　55
나무와 매미 · 2　57
솟대　58
장독대　60
혼불 마을　62
산사山寺의 풍경風磬　64
추억으로 사는 법　65

제3부 숲의 노래

사과나무   69
감나무의 가을   71
송장메뚜기   73
무화과나무   75
생각하는 갈대   77
한 그루 은행나무로   79
당산나무   81
숲의 노래   83
소나무 한 그루로 서서   86
거미 · 1   88
거미 · 2   90
거미 · 3   92
병아리를 기르다   93
고향집 먹감나무   94
새의 생애   97
반딧불   99

제4부 개망초

개망초　103
장미　105
낙엽　107
초롱꽃　109
능소화　111
달맞이꽃　113
노란 민들레　114
상사화 · 1　116
상사화 · 2　117
하소 백련　119
개화 · 1　121
개화 · 2　123
낙화를 위한 노래　125
꽃의 전설　126
어떤 울음　128

제5부 퉁소 소리

폐선 · 1　131
폐선 · 2　133
시의 그늘　135
퉁소 소리　137
실끈 잇기　139
꿈 속에서　140
ㅌ과 ㅊ의 변증법　142
나이를 먹어 가는 중　143
이웃집　145
못질하기　147
벽 · 1　148
벽 · 2　150
우물가에서 · 1　152
우물가에서 · 2　153
빨래하기 · 1　155
빨래하기 · 2　157
궁금증 · 1　159
궁금증 · 2　160

제6부 마늘밭에서

허수아비　163
별들 이야기　165
별　167
눈 속에 갇혀　168
눈, 세상을 흔들다　170
눈 오는 풍경　172
도시 풍경　174
겨울 강　176
들녘에서　178
우리의 영혼까지 맑게 흘러가야 한다는 것을　179
열대야 熱帶夜　181
꽃샘추위 · 1　183
꽃샘추위 · 2　184
꽃샘추위 · 3　185
꽃샘추위 · 4　186
가을날　187
마늘밭에서　188

제1부
금강산 구룡폭포

무인도

나는 카랑카랑한 쪽빛 해조음으로 가고
너는 남태평양 몬순 기후의
물먹은 바람으로 가서 우리
팽이처럼 소용돌이로 섬 하나 세우자

정갈한 풀씨만 날아들게
푸른 숲부터 일으키고
돌돌 말았다가 펼치는 파아란 바다
그 서늘한 가슴 복판
뜨거운 우리 심장을 심자

그리하여, 고운 물결의
그 허연 몸매로 가자
그곳도 가리지 않는
아담의 갈비뼈인 섬
울렁거려야 사랑이 되는
무인도 하나 팔팔하게 띄우자

길 없는 바다를
하염없이 헤매다 멈춰 선 자리
세상 파도들 부딪혀 스스로 멍들어
되돌아간, 가파른 해일 너머
빛 고운 무지개나 간신히 다다르는 곳
휘파람새랑 함께 신나는
우리 아주 풋풋하고
눈부신 사랑 한 채 심자

바닷가에서

물결 거푸 오고
물새들 자꾸 목숨 건져 올릴 때쯤
사람들 가슴은 어느덧 휑하니 석양이 되었다

파도는 처음
푸른 등성이로 서서 오다가
하얀 거품으로 누웠다
사랑이라든지
사람들 나부끼던 생애도
저리 허망하게 무너지리

세상 온갖 몸짓들
어둠에 묻혀 버리고
월월월 소리만 남아
마침내 전설이 되던 것을

따개비, 바다에 눕다

거대한 침몰의 세상이다
바다는 다시 뭍보다 높이 떠오르기 위해
천만년 움찔거리고, 다만
한 마리 따개비가 영원의 시간을 셈하는 중

따개비는 바다와 바위와 한 폭의 하늘까지
뱃살 위에 올려놓고, 미동도 없이
존재자의 철학을 골똘히 생각하는 중

밀물 썰물로 숨 쉬고
하늘도 차분히 물 밑 들어앉아 묵상에 들면
그때 따개비는 스스로
우주의 중심이라고 생각하는 중

해일이 벌떡 일어나
육지와 바다를 뒤헝클어도
따개비는 붙박이인 채
바다를 평정하게 다스리는 중

눈 덮고 귀 메워 깜깜한
아주 먼 은하와 교신하거나
우주를 떠도는 혹성들의 소음을 잠재우는 중

다시, 물밑 모든 어패류에게
침묵의 딱딱한 껍데기를 씌우는 중

백악기부터 진화해
뭍과 물에서 동시에 살며
척추와 수족도 벗어던지고
단단한 껍질 속 연체로
웅크리며 고등동물로 진화해 가는 중

순간과 영원 넘나들며 오늘도
무중력 무감각의 자기 정밀靜謐 꾀하며
이중으로 몸집을 장치하는 중

사람들이 쇠꼬챙이 쑤셔 넣지만

다만 딱딱한 바위 등걸만
확인하고 물러가면,
깔깔깔 웃어 파도 일으키고, 스스로
천하 만물 중에 지존至尊으로 굳혀 가는 중

전복의 생애

지중해 바다 밑 전복 한 마리
그의 잠꼬대가 태평양 건너가며
바다 가득 퍼덕이게 파도가 된다

숨 쉬면 오대양이 넘실
휴식 위해 몸 말리면
하얀 주검이 된다

뱃살로 주렁주렁 진주들 거느리고
우주 시간으로 더디게 걷다

전신을 무지갯빛으로 가꿔 온 생애
삶과 죽음 다 털어놓으면
온 천지가 반짝반짝 빛나는 백사장이 된다

해란강 조약돌

서늘한 소맷자락 스치듯
네 물결에 닳아
네모 세모도 둥글게 몸 바꿔
너 따라 강 하구쯤 굴러가다
황톳물 만나 소용돌이로 빠져들기도 하고
밤마다 쩌엉쩌엉 우는
강심 깊숙이 나의 운명 던져 넣기도 했지만
이국의 낯선 물결 만날 때
나는 후미진 국토 옆구리에 버려진 운명

한평생 너에게 이르기 위해
검은 속 달구어 내고
하얀 옷매무새 꾸미어
네 손길에 내 몸 맡기지만
너는 훨훨 청포자락으로 먼저 떠나는
선구자의 맑은 영혼
내 굼뜬 동작으로 따르다 따르다
아득한 굽이에서 버려져 우노니

그리하여 마침내
너의 흔적 몸매에 여미며
거뜬히 한 백 년 네 추억 보듬다
어느 호젓한 날 뙤약볕에 나아가
너를 캐묻는 시선들 거부하며
야무진 비밀 속으로 영원히 잠드노니

비 오는 해변

비 오면 바다가
꾸역꾸역 해변으로 오른다
긴 혀 내둘러 파도는
해변의 온갖 것 휘감아
배를 움찔거리다
푸른 분노를 쏟는다

작은 게딱지들 눈망울들은
이미 마파람에 쓸리고
무슨 경고처럼 무수한 수포들
모래톱 위에 얹는다

뱃고동 소리도 끝내
파도 등성이를 넘지 못하고
흰 갈퀴손에 끌려간다

바다는 검푸른 몸집

자꾸 불리며 쩌엉 쩡
두렵게 무슨 말씀을 토한다
사람들은 오싹 소름이 돋는다
어둠보다 더 큰 세상 앞에서
경건한 마음 여민다

혼자가 혼자가 겨운

산골짜기 진달래꽃 밭
홀로 서면 눈물이 난다
파란 하늘 높이 떠가는
딱새 한 마리 보면 눈물이 난다

한낮 길모퉁이 호젓이
푸른 꽃 머금고 서 있는
어린 풀 한 포기 그냥 바라볼 수 없다
눈을 어른어른 뜨고서
자신의 밖을 빤히 내다보는
푸른 메뚜기 한 마리
막 어딘가로 정처 없이 날려 한다
그의 작은 몸짓이 애절하다

까마득한 강 언덕 혼자 떠 있는
미루나무, 강은 하루 종일
무심히 엎드려 있다
나는 우두커니 나를 잊고 있다

오늘은 나마저 나에게 느껴지지 않는다

온 세상이 나를 물끄러미 들여다본다

두 개의 등불

옥정호 언덕 위 등불 하나
밤들자 별처럼 깜박거린다
그 불빛 호수에 비치어
또 하나 등불 잠겼네

어둠이 만상의 모습 다 거둬들인 후에도
위아래 등불 두 개 서로 눈빛 맞추네

하나가 육신의 불빛이라면
다른 하나는 영혼의 불빛
옛날 슬픈 사랑의 전설 같은 것
밤 깊어 더욱 또렷해지는 사랑
어둠도 삭아 부실부실
희뿌연 물안개 덮이면
아침의 뒤편으로 등불 사위지만
전설은 또 전설을 담아
밤마다 깜박거리고
호수도 잠 깨어 철썩거릴 것

마침내 퍼뜩 두 개 불빛은
한 몸 별이 될 것이네

청둥오리

호수가 밤 되어
온통 얼음으로 얽혔는데
청둥오리 한 마리, 붉은 물갈퀴로
물 낯바닥 밤새워 할퀴어
제 자리만 빙 둘러 얼지 않았네

산천도 잠들고
호수도 깊은 잠에 빠져드는데
청둥오리가 호수의 숨결
여태 깨우고 있었네

아마 푸드득 정갈한 생명 하나
푸른 하늘로 솟을 것이네

추월산에 오르며

낮달 따라가다
달을 추월하여 멈춰 선 곳
추월산 올랐네
하늘 닿게 까마득한 산
나를 짊어지고 오르는
힘든 등정

인간 세상은 밀쳐놓고
관음의 가파른 층계 오르자
조그만 암자 하나 종일 염불하데
산은 드디어 장엄한 종교가 되고

죄업 있는 자 오르지 마라는 듯
내가 이끄는 내 생애 이리 고단해서야

이윽고 나는 인간의 시간을 놓아 버렸네
산은 내 영혼이 되고

멀리 남도 산야
담양 초가들 고만고만한 조개껍데기
호수도 정갈한 물 한 사발의 정화수였네

온 천지가 고요한 이승의 계절
아마 저승도 온 천지가 요렇게 옹기종기하리

적막강산에 와서 나도
소리 죽여 한 올 바람 되었네

무지개

산에 온갖 철새들 살았습니다
언젠가 먼 나라로 날아갈 새들이었습니다
새들은 날마다 나무 키워
산의 얼굴 만들기 위해
강에 나가 물기를 묻혀 왔습니다
깃털로 묻혀 온 물방울
안개 되고 산마루 감싸는
하얀 구름 되었습니다

새가 푸른 하늘에 긋는 포물선 따라
그 굽이로 산은 높아 갔습니다
계절이 자꾸 바뀌고 분주히 새들이 오간 뒤
산은 하늘 높이 목을 내밀었습니다
그때야 먼 강을 보게 되었습니다
산과 강이 눈빛 맞추어 무지개도 세웠습니다
사실은 산 빛이 무지갯빛으로 된 것입니다

새들의 울음은 계절 따라 다른 기척으로

강이 되어 흘러갔습니다
새가 날마다 울어 눈부시게
떠나가는 강의 눈물 되었던 것도
그제야 산은 퍼뜩 깨달았습니다

밤이 되면 이때부터 산은 으레
강으로 내려가 인연의 발목 담갔다
아침엔 새처럼 푸드덕
산으로 다시 올라왔습니다

산과 강이 서로 오간 뒤부터
철새들은 산을 찾지 않았습니다
그 후로 해마다
산과 강이 만나 무지개를 세웠습니다

모악산에서

오후 한나절을 늘여
모악산 대원사 오르니
비구니 목탁 소리, 독도그르 독도그르
염불 소리 낭낭했다

계곡 물줄기 따라
무릎 굽혀 굽혀 내리니
속 빈 고목을 딱따구리가 쪼아 댄다
독도그르 독도그르, 또 바람 소리와
햇빛 내리는 소리까지
산은 휘영청했다

세월의 푸른 이끼 위로 미끄러져 내려
송악사 명부전冥府殿에 닿아
반약교般若橋 넘으면
노승이 두드리는 목탁 소리
텅 빈 명부전 대들보를 울리고

몇 낱 별빛 거느리고
어둠이 숲을 온통 감쌀 때
사람들 목소리 바람결에 흩날리며
스멀스멀 저물어 갔다

수침노인정 水枕老人亭

옥정호 돌아 골짜기 깊은 곳
간신히 수몰 면한
작은 마을 하나 숨어 있데
전설의 언덕 위 노인정 하나 서 있고
간판엔 수침노인정이라
하얀 머리 노인들 모여 살데

물속에 달도 나무도 해도 잠겼는데
물 베고 눕는다니 저리 물속에 잠긴
월화수목금토일 月火水木金土日
다 베고 눕는 격이지
세월도 베고 눕는다는 말

하, 여기가 신선 사는 곳이라네
노자 老子 구름은 텅 빈 하늘에 오락가락

금강산 구룡폭포

어린 시절 외갓집 벽에 걸린
구룡폭포 사진 한 장
몇십 년 전 기억 속에 묻혔다
적송赤松 숲 헤치고
금강산 여기 와 걸려 있네

조선 천지 고운 풍경 다 놓아두고
외삼촌은 하필 구룡폭포 한 장만 걸었을까
곧게 사시며, 수궁가 한 마당 잘 뽑으시던
외삼촌 조경환 선생 소리 마당에는
토선생이 산천경개 구경하던 모습 선연하고
힘들게 기어 와서 여기 만폭동 지나
청량한 유산가遊山歌 한 소절 만났네
한량으로 소문났던 외숙
노는 흥에 흠뻑 빠져
아직 혼백으로 여기 머물러 계실지 몰라

용왕은 아홉 마리 새끼 용 데리고

여기 구룡폭포 물줄기를 거슬러 오르는 것이겠지
십장생十長生 다 모여들고, 별주부도
끄덕끄덕 산 오를 때, 신선처럼 우리 외삼촌
청풍을 타고 앉아 백우선白羽扇 들고
수궁가 한 소리 뽑고 있을지 몰라
이 골물 저 골물 합수쳐 우당탕 퉁탕 흘러가고

어둠이 내리는 마을

하늘이 갈색으로 물들 무렵
해는 서산으로 내려가
잠 속에 묻혀 있던 별들을 깨워
차곡차곡 내걸었다

어둠을 옆구리에 낀 산들은
침묵의 골짜기로 내려앉았다
산짐승들도
토굴을 찾아들 때
뒷간을 막 다녀온 듯
부엉이의 인기척

어미 잃은 어린 것을 안고
허서방은 헛기침을 해댔다
쨍글쨍글 겨울이 뒷동산을 넘고
추운 바람이 간간히 울을 흔들었다
가난한 집들 개 짖는 소리

별빛으로 숭숭 뚫린 하늘
사람들은 깃발 하나 내걸 엄두도 내지 못했다
아기 울음만 마을 적막을 뒤흔들고
부엉이 울음도 깊이깊이
두터운 밤의 눈꺼풀 밑으로 가물거렸다

제2부

나무와 매미

바람개비

거친 바람 만나도 사람은 돌 수 없지만
팔팔한 심장 밖으로 내걸며
무엇인들 돌리려는 마음이
바람개비가 된다

이리 첩첩 저리 첩첩 이뤄낸 생애
바람을 속속 맞아들여야
스스로 바람의 생명이 된다

각이 선 눈빛 거두고
모난 형상을 버리면 둥근 원 하나 된다
세차게 돌면
더욱 희미해지는 무상無相
구심점도 삭고 다만 한 개비 원형질 생물
그리하여 존재와 본질이 뒤범벅이 된다

그림자가 그림자를 물고 물리며
온갖 형상을 털고 가쁘게 돌면

우리는 우주의 허상 한 점을 만난다

땅과 하늘 사이
가득 밀폐되었던 공간을
나선의 소용돌이로 뚫고 나가서
우리의 일상을 휘날린다
고정불변을 뭉개고
우리도 장엄하게 떠가는 원 하나

봄이 오는 들녘

봄은 오는 게 아니라
하늘과 땅이 일시에
여인네 따스운 손바닥을 펴는 것
하, 모숨모숨 느낌표들 끓어오르는
아지랑이 산허리

시린 세상 손 놓았던 나무들
연록의 햇살 한 움큼씩 거머쥐고
제각각 목숨들 챙겨 일어선다
아침나절, 천지가 생명을 바르르 떤다

보랏빛 자운영 꽃밭도 끌어다 펴니
나비들도 굽이쳐 온다
누이의 아름다운 수틀

문득 나는 어린 시절에 선다
고향 길섶 이슬 함초롬히 창포꽃
정갈하게 강이 감돌아 오고

푸른 하늘 흰 구름 머금어 오면
또 꿩도 붉은 울음 띄워
산이 뒤뚱뒤뚱 내려온다
예쁜 교회당 색종이 울긋불긋 오려서
스스로 고운 종소리로 우는 시골

나는 그냥 그대로
봄의 심장이 되어 두근거린다

팽이치기

서 있다는 것은
토네이도 바람 한가운데 존재한다는 뜻
세상 온갖 티끌 소용돌이치는 곳에 외연히
오랑캐 변방을 뭉개는
변환變換의 생애

적송赤松 송진 찐득거림도 단정히 몸에 여미며
옹이로 카랑카랑 바람독에 맞서는
무상無相의 인생 유전流轉

온갖 보푸라기로 꼬아 든
역사의 채찍에 갇혀도
희로애락喜怒哀樂을 털며
일어서고 곧추서고
시련으로 얼룩거리는 오방색五方色도
한 가닥 흰빛
일원상一圓相으로 버무려 내다

바람벽 가배얍게 둘러치고
온 생애 원뿔로 다독여
피식피식 지던 목숨 부추겨 세워서
바르르 생명 키워 내나니
빙판에서나 설원에서도 오뚝이가 되는
살풀이춤 휘몰이, 마침내 정지 동작
그 엄숙한 지점에 호올로
우뚝 현재진행형 한 점

어둠을 감아 내리는 우레

배롱나무는

조상의 원죄原罪까지

바들바들 떨었다

대추

1
아픈 몸뚱이 지구
바다가 노을빛으로 싼다

2
씨 하나만으로도 대추는
잉걸불처럼 아파라

3
제사상 대추야
할매 울 할매 영혼
설움 여태 붉더냐

나무와 매미 · 1

매미가 설움 다 털고
비애의 근원에 오르면
진정한 나무의 울음이 된다
네 허무와 무상 흘러내리던
발목을 깜깜한 촉수로 더듬어
간신히 너를 보듬어 일으키며
모든 허물 벗어던지면
훨훨 나는 너의 울음이 된다

광야를 번지던 빛나는 울음
전신으로 우는 너의 진실
너의 존재를 온 천지 가득히 선언하고
박사薄紗에 싸인 원시의 순수만 남는다

파닥파닥 절명絶命의 세기를 넘어
울음도 짙으면 역사가 된다
한 번씩으로 백 년의 울음

오갈 수도 없이 꽉 막히던 생애
일시에 뿜어내어 천지가 공명共鳴하는
저 은빛 찬란한 나무 울음

나무와 매미 · 2

무명의 생애를 벗고
끝없이 허공을 더듬다
기진한 몸 틔워 새 몸 삐죽 나오다

온몸의 진동
아픈 인고의 세월을
빛바래게 허물 벗어 걸고
여름 뙤약볕, 쏟아 붓는 음표들의 폭포
초상집 마당처럼
내 설움 네 설움 한데 엉키다가
문득문득 침묵을 접는다

나무들도 허리춤에 날개를 달고
구천九泉에서 하늘까지
밤과 낮, 희고 검은
수천의 음계를 탄다

솟대

새가 죽어 천 년 넘어야
그 혼 빚어 솟대의 새가 된다
조선 사람들 가슴마다 세우던
순수 샤머니즘 그 푯대 위에
정좌靜坐한 새 한 마리

하도 울어 울음이 닳은 새
천 년 가슴 앓아 깃털 몽그라진 새
새가 우리의 오늘을 날아와
무성無聲의 끝없는 음표를 찍는다

하늘이 한편으로 몰려간 뒤에도
홀로 남아 전설이 된 새
선사先史의 하늘이 열리고
우리들 머리맡에
새 한 마리 정중히 다다른다

영혼은 빠져나가고

육신만으로 더 신성한 새
솟대에 오른 새는 모이를 구하지 않는다
깨끗한 종교 한 자락을 눈뜨며
장구한 세월 불사조不死鳥가 된다

장독대

어머니의 손때로만
반들거리는 옹기
검은 숯덩이에서도 저리
결 고운 빛이 나오다니
어머니 짜디짠 생애가
절고 절어 하얗게 피는 염화塩花

열일곱 어린 나이로
낯선 부엌 들어서서
캄캄하게 울던 어머니
여닫던 장독 뚜껑은 무쇠처럼
무거운 가족사家族史의 절편絶片

매양 독 안에 앉히는 것은
맵고 짠 어머니 눈물
거친 세파에도 찰랑거리지 않고
뭉클 빗줄기 내릴 때나
솟구쳐 오르던 하이얀

한풀이의 우연雨煙

뙤약볕에서 한 생애 삭히면
하늘은 노을빛, 어머니 머리는 소금꽃
조선간장 고이고 고여서
몇 대를 눌러앉는
도란도란 장독대

혼불 마을

전라도 남원 원두 혼불 마을
별들 깃 속으로
밤은 깊이깊이 숨고
눈 밝혀 혼불만 휘영청 뜬다

소태나무에 걸친 까마귀
검은 눈빛을 뿌리면
여린 새벽, 해를 건너는 닭 울음
땅 울렁거리게
기차가 어둠 한 자락 끌고 가면
먹굴댁은 가난이 밴 사립문 열고
물동이를 인다

사람 혼은
삼신할머니가 점지했다던가
한 많던 생애를 마지막 불 끄며
섬뜩 혼불 한 타래 난다

혼불 마을은
무속巫俗의 숲속에 쌓여
구전口傳의 설화로 여태 누워 있고
어디, 한껏 목청 높여
만가輓歌 한 솔기 서도西道에 흐른다
깊이깊이 전설 속으로

산사山寺의 풍경風磬

절 한 채
구름 한 채
서리서리 풍경 소리

산 한 자락
하늘 한 자락
짬짬이 풍경 소리

산새는 물로 들고
물고기는 허공에 뜨고

독경讀經이 익어서
밤낮없이 풍경 소리

추억으로 사는 법

물을 뒤로 밀어 노 저으면
배는 앞으로 나아간다
세월도 물과 같아
뒤로 밀지 않으면
유년의 추억도 강나루에 그대로 머물 것

추억을 자꾸 더듬거려
머리맡에 두고
화분 식물처럼 가꾼다

초등학교 운동회, 만국기 가득한 하늘
차 먼지 불쑥 지나간 뒤
환하게 굽이치는 코스모스꽃들
달밤도 좋아라, 밤 이슥
동네방네 치닫던 어린 시절

너른 풀밭에 매인 염소마냥
추억 고운 노을밭에 고삐 매여도

마냥 자유와 평화
널따랗게 틔어라

제3부
숲의 노래

사과나무

너는 진정 한 그루 사과나무이지
나의 모두로 너에게 몰려가서
조랑조랑 매달리면 비로소
너는 사과나무가 되지

너에게 가서만 볼 불그레
나는 분분분 윤이 나지

네 맥박 불끈거려
뽑아 올린 네 목숨으로만 나는
한 줌 한 줌 시간을 연명하고

비바람 다 함께 내 체질이 되고
마침내 네 몸 안을 나로 채우게 되지

그리하여
너에게 나는
황금빛 사과

태풍이 너를 위태롭게 하면
내가 먼저 너에게서 찢기어
어둔 구렁텅이로 내쫓기지
다음날 다시 네가 내 안에서
무성하기를 소망하며

사랑이란 이름의
우리는 함께 사과나무

감나무의 가을

서리의 계절
감나무는 간신히 감 몇 개를
움켜쥐고 산그늘에 서 있다
몰려드는 잠 자꾸 털어 내며
햇살 몇 낱으로 가슴을 쪼인다
청설모 한 쌍
감 몇 개와
오후 한나절 틈틈을
훔쳐다 바위 서리에 숨긴다

끝내 감나무는 잠 속으로 빠져들고
하늘 한 모서리, 달랑 감 하나 남아
검게 곶감 되어, 눈꺼풀을 내린다
햇살도 꺼칠꺼칠 건조되고 있다

늦은 오후
무성하던 시절의 푸른 환상에 젖는 감나무
꿈속에서 가을에 절인다

하늘이 그래도 짧은 하루를
매만지고 가는 건
쪼그라진 곶감 하나
감 씨에 담긴 연록의 깊은 생명
하늘 뜻으로 산새가 물어 나르는 건
숨결 색색 고르는 감 씨

산천이 곤한 잠에 잠기는데
산새만 신나게 꽁지춤 춘다

송장메뚜기

남루한 옷 한 벌의 생애
산야는 누추한 잠자리

손 자꾸 비벼 험한 세상 비껴 나지만
발 문질러 죄업을 털어 내지만
전생의 업보로 몸차림은 끝내 송장메뚜기

밖을 내다보지 마라
현상은 본질이 아닐지니
정밀靜謐한 자아 안에서 물끄러미
밖을 내다보는 초점 없는 눈

아귀천에서 나왔지만 언제나
푸르른 극락을 꿈꾸나니
그래서 늘 초원에 살아라

걸레옷으로 감싸 안은
오직 팔팔한 한 점의 생명

후생엔 하늘 넓이로 깃을 펴리라

층층한 하루를 포르릉 날아
이승과 저승을 왕래하노라면
하늘은 언제나 눈부시고

무화과나무

시린 땅 밑 뿌리가 뿌리에게 다가가
정갈하게 흰 손 꼬옥 잡았거나
그늘진 초례청에서 눈빛 빛나게
서로 마주 섰던 것일 게다
심금 서로 울리며
꽃 없이도 얼얼하게 맺히는 사랑

비밀한 소리 숲에 서리다가
서로 고운 음색 더듬었으나 이미
소리는 삭고, 성큼 이파리로 나부끼다
저리 형형한 잔상, 꽃의 빈자리
그 부재로 문득 하늘 한 자락 이끌리어 왔을 게다

아픔과 고통, 송송 땀방울 털어 내며
새벽 건장한 나무 한 그루 벌떡 일어나
감춰 둔 사랑, 모질게 신열 뿜어
연록의 고운 혹 몸 밖으로 내미는 것이니
가슴에 품던 사랑, 속살 붉은 열매

다디달아서, '어디 한입' 하고 머금는
신선한 모순의 단맛, 무화과 하나

생각하는 갈대

갈대들은 한 방향으로만
일제히 머리 숙이는 것이 아니라
사방팔방으로 바람에 나부꼈다
생각이 제각각 다른 갈대

앙칼진 소리로 하늘이 몰려와도
그들끼리의 암호로만 나풀거리는 몸짓들
한 시대의 거센 폭력으로도
허리가 모두 한가지로 꺾이진 않았다
일어서고, 누울 수 없어 일어서고
각기 다른 감성의 붓질을 했다

노을빛 부스러져 내리고
세상 온갖 깃발은 누더기
온갖 세상의 어설픈 풍문들
수묵화 한 폭으로 펼쳐지면
부지런히 오류를 지우는 붓놀림

까마득한 미래의 강 굽어보노라면
언 땅, 밑동에서부터
솟아오르는 연록의 칼 빛
은밀한 함성이
불끈불끈 터져 나왔다

한 그루 은행나무로

내가 그대에게 가리
한 그루 은행나무로 뿌리내려
이 강산 뜨지 못한다면
바람 일으켜 그대에게 가리
사철 내내 형형색색 몸 감던 바람
오직 사랑의 눈빛
여울여울 바람으로 가리

내가 그대에게 가리
아침부터 햇볕 받아 온몸 더웁고
반짝반짝 빛나다
그 빛 그 체온
눈부신 언어로 그대 창가에 가리

가을엔 노오란 사랑의 밀어
익으면 흩날리나니
무상하게 낙엽 떨구고
모든 계절로 사무쳐 온 빛깔

이제는 우수수 발치에 내려놓고
호수만 하던 그리움
한 그루 은행나무로 서서
깊은 겨울잠 덮으리

당산나무

할아버지의 할아버지는
동구 밖에 한 그루 예언을 심었다
시시때때로 사람들은
나무 그늘을 머리 위에 받들었다
세대 이어가던 아스라한 역사
나무는 세월의 높이였다

할아버지들은
나무 밑동에 무속의 새끼줄 치고
큰 바람과 난리를 비껴갔다
당산나무는 마을의 종교였다
예언대로 평화와 혼돈이
주기 두고 당산나무를 맴돌았고
밤마다 희생의 피 흘린다고도 하였으니
사람들 향 피우고 소원 빌면
재앙 비끼고 소원 이루어져
당산나무는 신령스러웠다
몇 왕조도 거뜬히 거느리며

속이 검게 타기도 하였으니

우리가 어른 되면 모두
고향에 돌아와 다시 우러르는
한 그루 우람한 우리네 향수

숲의 노래

숲에서는 항상
새로운 생명이 눈 뜬다
자꾸 일어서는 것도 생명이다
털북숭이 크로마뇽도
숲에서 걸어 나왔다

언제나 거친 새 왕조는
숲의 모닥불로 일어나고
쇠붙이가 덩달아 일어나
숲의 함성을 깨웠다
몇 세기 지탱하는
기운 센 궁궐도 일어섰다

모든 종교도
숲이 눈부실 때
황금 종소리 나부끼며
율법을 메고 나왔다
골짝 골짝 흩어졌던 무속

차근차근 형식을 옷 입어
건장한 종교가 된 것이다

숲이 불 지피자
문명이 일어섰다
불꽃으로 비로소 번창한 문화
철학자들도 숲에서 불꽃으로
영리한 생각을 떠올렸다

불이 모든 것 휩쓸고 지나가면 다시
물길이 숲에 들어차고
바다까지 잇는 숲의 세력을
다시 일으켰다
물이 넘치면서 비로소
사람들은 숲에게 무릎을 꿇었다
물줄기도 숲에서 생명 얻어
먼바다까지 출렁거리게 되었다

숲이 사라지면
불도 물도 사라지고
모두 주검이 된다

숲에서는 주검이
생명이 된다

우리가 숲에 들 때는
산짐승 발자국으로
가만가만 숲이 되자
숲의 정령을 받들며
숲의 생명으로 살자

소나무 한 그루로 서서

천 년으로 목숨 이어지는 조선 소나무여
계절마다 한 켜씩 두른 나이테로
키 솟고 드디어 하늘 닿아
별빛에서 햇볕까지 다가와
반짝반짝 은빛 솔잎 눈부시구나

옛날 강물 소리까지
다 귀담았다
쏟아 낸 대하大河의 함성
오히려 오늘은 귀하디귀한 침묵이구나

한 생애 일으켜 세운 것들
모두 실팍한 숲 되고
온갖 짐승도 길러 내는 소나무 숲

이젠 정강이 사이로
낯선 바람 지나가누나
그러나 영원한 뜻은 펄럭이고

금빛 이념 곧추서서

소백에서 개마고원까지 더듬어

조선의 얼 하나 곧게 뻗으리

거미 · 1

묵은 왕조의 여왕은
두려움으로 밤을 꼬박 새운다
바르르 걸려드는 목숨들은
본래 왕좌를 노리는 음모들
어둠 한 타래 거머쥐고
눈 부릅떠야
스스로 배설한 그물을 지탱한다

여왕이 포획하고자 친 그물은
자신을 가두는 함정
칠공을 막고
손끝 감각으로만
이해득실을 셈한다

여왕의 운명은
밤 꿈의 허공에 매달리는 것
폭포처럼 쏟아지는 잠 떨쳐 내야
생명을 붙이는 것

새벽녘 이슬 한 모금
선왕의 선몽인 듯
잠 밖에서 시원하다

독경 소리는 암만 내걸어도
거미줄에는 걸리지 않고
천둥소리도 들리지 않은 채
호올로 아슬아슬한 유아독존

거미 · 2

거미는 해 뜨는 동쪽과
해 지는 서쪽을 연결한다
밤과 낮을 연결한다
빛과 어둠을 연결한다
어제와 오늘을 연결한다
가난과 풍요를 연결한다
아름다움과 더러움을 연결한다
물과 불을 연결한다
생명과 주검을 연결한다
땅과 하늘을 연결한다
육신과 영혼을 연결한다

초가집 이엉과 기와집 수막새를 연결한다
젊은 여인의 머리털과 늙은 홀애비의 수염을 연결한다
배춧잎과 애벌레 촉수를 연결한다
나비 발톱과 누에고치의 잠을 연결한다
호랑이 꼬리와 생쥐의 눈빛을 연결한다

히말라야 산꼭대기와 은하의 끝자락을 연결한다
하늘에 떠도는 작은 영혼과 우주의 큰 영을 연결한다

거미가 궁둥이로 줄을 뽑아
천기를 누설하므로
스스로 검게 형벌로 타서
끊임없이 소멸하다가
완전히 추락하는 끝자락에 다다른다

거미 · 3

거미는 그물 치고
하늘 받는다

스스로 몸 검게 태워
별빛 받는다

더러운 세상은 떨어뜨리고
이슬 받는다

발소리 죽여 침묵하여
말씀 받는다

시공의 그늘 치고
아무것도 없는 것을 받는다

병아리를 기르다

조게 무슨 하소연하는 게지
노랗게 예쁜 마음으로
쫄랑쫄랑 앞서 가며
잊었던 잠언 같은 것 읊는 게지
은밀한 신을 본뜨는 착한 몸짓

병아리 붉은 부리로
어린 봄빛을 비벼 댄다
달개비 푸른 꽃도 눈 맞추고
매운 무순도 쪼아 보고
자꾸 쪼아서 연둣빛 계절
그 안섶에 함초롬히 깃들며

병아리 기른다는 것은
무디어 가는 선을 가꾸어 가는 것
노란 병아리 따라가다 어느덧
나도 훈훈한 신의 마음이 되고

고향집 먹감나무

옛날 고향집 뒤꼍에는
감나무 하나 서 있었는데
고목 다 되어서 몸뚱어리도 검고
감도 먹물 들어 먹감나무라 불렀네

증조부께서 심으셨다는 먹감나무는
해갈이로 감이 몇 안 되게 열렸는데
집 팔고 전답 팔아
고향 떠나올 때
먹감나무는 나이 들어
값도 치지 않았네

할아버지 임종하시는 날 밤
무서운 폭풍으로
생가지 하나 찢겨 내리더니
가지 속도 검게 타 있었네

일찍 시집간 누님

매운 시집살이 소문에
어머니 감나무 밑에서
한숨 쉬고 그랬었네

고향 떠나 도시에 숨죽여 살다
부모님 돌아가셔 상여가
동구 들어설 때
먹감나무는 검은 울음
크윽크윽 울었을 것이네

우리 일곱 남매 이 도시 저 도시
흩어져 살며 기차가 날마다 실어 나르는
감나무의 칙칙한 울음 듣지 못하다
꿈자리에서 흥건히 땀 흘려
감나무 몸서리치는 일
빤히 보고 그러네

별들 하늘을 조각내고 있을 때

먹감나무는 무슨 난리 예언하듯
생가지 퍼뜩 찢길지 몰라
먹감나무는 요사이 내 잠 속
머리맡 병풍 속으로 들어와
조상님 두루두루 뵈게 하고
스스로 검게 속도 타서
홀로 거기 서 있는 것이겠지

새의 생애

새 떼가 제각각 한 줌씩 목숨으로
하늘 덮어 오다 산맥을 넘는다
겨울 새 떼는 차가운 강물 이끌어 온다

나무 삭정이 끝에 한참 동안
자신의 체온 확인하다 작은 새는
붉은 부리로 깃을 다듬고 있다

온 밤, 새는 꿈속에 묻히므로
소망은 다 이루어진다
바람을 소원하면 태풍이 일어난다
넓은 들녘에 깔린 곡식이라도
새는 한 알에만 부리를 댄다

새가 또 꿈꾸어
숲이 일어나고
하늘보다 더 넓은 어둠으로
작은 몸뚱이가 둥지 틀고 깃을 접는다

귀한 것은 노래까지 다 남에게 주고
스스로는 배부르지 않게
목숨 하나만 정갈하게 키워 간다

반딧불

붉던 저녁노을 식고
그믐달 조각조각 수수 잎에 묻혀 버렸다
밤은 갑갑하게
산과 마을 덮어 내리다
강물의 속삭임도 재워 버렸다

어둠으로 꽉 차 있던 세상
반짝, 한 찰나의 빛으로
우주는 비워지고 있었다
멀리 날아가던 어린 곤충
하찮은 작은 빛이 저리
하늘 닿아 별이 되었을까
어둠이 빛에서 오고, 다시 자꾸
빛은 어둠의 울을 넘어오고 있었다

제4부
개망초

개망초

아무래도 너는 꽃이 아니야
꽃다운 꽃들 봄을 앞세워 모두 떠나고
봄여름 사이, 자투리 시간 목숨 붙여
겨우 황토밭에서 나풀거리는 풀꽃

네가 꽉꽉한 돌길에서 속울음 쏟을 때
뙤약볕으로 산천은 짓무르고
사람들은 너를 등지며 떠나가던 것을

샛강 너머
돌보지 않은 땅
시야의 끄트머리 어수룩한 풀
온몸 우수에 절이다가
남루의 긴긴 여름, 낮볕에 저물고
거친 계절에 휘말리며
초원은 짓밟히지 않던가

너는 천만 송이로 후북이 피어도
단 한 송이 꽃도 아니야
쭈빗쭈빗 함께 고개 내밀며
무더기로 모이기만 하면
산야는 온통 너희 흰빛 나라
소금밭보다 더 짜디짠
조선 벌판 흰 눈물인 것을

장미

그대 홀로 꽃이다

가시 찔려 움찔 혼미를 깨고
손가락 끝 피 망울 내비치자
비로소 각혈처럼 한 접시
장미를 열다

그대 꽃으로 피는 게 아니라
닫힌 세상을 꽃의 숨결로 여는 것
온 세상을 꽃다운 몸짓으로 흔들리게 하는 것

그래서 그대 홀로 꽃이다

우리가 담장 안에 무수히
색색의 장미를 가두어도
그를 보아라, 꽃이 아니고
한곳에 머물지도 않고

담 넘어 다른 세상으로 나아가지 않던가
사람들에게 등 돌리며
온몸 무수한 형극, 또는
어둔 계절 숨겨진 신음 소리

몇 초롱 별빛이 내리거나
좌악 촥 소나기로 원죄의 그늘 벗을 때
참회까지도 모두 떨치고
화들짝 깨우침의 아침

아, 꽃이 질 때
경건함을 보아라, 나풀나풀 경쾌히
삶의 짙던 무게 가벼이 흩날리고 마느니
아득한 정적의 여울로 몸 쏠려 가던 것을

그대 홀로 꽃이다

낙엽

무서리 밭에 첫걸음 내딛는
눈부신 몸치장
가슴 떨림을
곱게 예비하였네
고와라, 무희처럼 예쁘게 흩날리네
아름다운 이별 위해

나에게 서걱거리며 다가선
가을 햇살은 싫어
여태 휘날리던 갈잎 소리 거두며
자신을 손 놓으려 하네
호수의 머리맡에서
숨결 다듬는 오후

오랜 날
에메랄드빛으로 번창하던 하늘가
화덕에 풀무질 서둘러

붉게 익는 노을
사그라질라, 사위어질라, 마음 졸이면
순간을 아름답게 이별이 들라 하네

떠나려거든
몸매 아름답게 꾸미어라
세상과 바람
에서 너의 그윽한 눈빛 거두어라

하늘은 메아리가 없느니
메아리 한 줄기 만들지 말고
천지에 떠도는 은밀한 선율에
몸 맡겨 마지막 눈부시게 나부끼어라
아름다운 이별 위해

초롱꽃

사람들 어두운 골방 스치어
처마 끝 호올로 불 밝히는
너는 한 떨기 꽃초롱이다

어둠의 비늘 벗고
칭칭 감겨 오는 파충류의 시선
비끼며, 고단한 일상의
어지럼도 털고 나와
빛으로 탄생하는 꽃초롱

거친 짐승들 울음소리 너에게 닿으면
너는 청아한 빛의 공명이 된다
천 리 밖으로 고운 음율 울리어 내거나
칙칙한 밤의 빛깔들 죄다
무지갯빛으로 바꿔 내는 꽃초롱
사람들 삶의 음울한 골방에서
쏟아져 나와 훌쩍 높아진 빛

우리 가슴에 묻어 두고
퍼내지 못했던 한 아름 고운
설화 같은 것
흔들리며 허공으로 치솟는 이상
밤의 아우성 발치에 묻고
거스름 넘어 하늘 오르면
너는 별이 된다

능소화

여린 덩굴 뻗어
마른 고목 일으켜 세우면
꽃이 되었다

차가운 계절을 허물 벗는
침엽수도 따스운 체온 없으면
꽃이 되었다

자꾸 자리를 내어 주는
경쾌한 낙화
그러나 다시 관절의 시린 마디마디에
황금빛 꽃을 차곡차곡 매단다
전신을 빛내며 치렁치렁
꽃을 들어 올리는 봄빛 줄기

꽃은 토담을 넘어가서
이웃과 이웃에게 번지고

동구 밖 함성 쏟아 내는
봄날의 가쁜 나팔 소리
땅에서 하늘까지
훈훈히 달구어 내는 꽃 천지

달맞이꽃

아직 이승의 언덕에 설레며
맑은 영혼의 심지 돋울 때
달빛 아래 흥건히 몸 풀고
마디마디 아픈 생애를
후북이 강물로 쏟아낼 때

꽃이 노래를 잊으므로
몇 겹으로 밤이 몰려오고

아직 하늘 한편
오롯이 등불 매달 때
별빛 몇 초롱 함초롬히 받아
영혼을 정갈하게 씻을 때

밤새워 그리움 굽이쳐 나가다
찬란한 아침에게 무수한 햇살의
바늘 찔리어, 아득한 어둠으로
온 생애가 이우는 것이려니

노란 민들레

태양신을 숭배하며 처음
사람이 되었다
태양의 씨앗 민들레 솜구름
무릎 꿇어 받자와
번창하라 하였으니

그때부터 골목골목으로
사악한 기운 쫓으며 푸른 연기
굴러가면, 핏빛 문지방 닦으며
노란 노을 꽂히는 자리 자리
노란 민들레 창만하였으니

태양이 밤마다 제 자리 비울 때
민들레는 온 천지에 흩날려
노란 말씀 세상에 전하였으니

태초부터
흙의 나라에

어김없이 예언된 노란 민들레

민들레는 저항의 톱니 이파리 두르고
가뭄도 장마도 거뜬히 건너서
돌 틈, 담장 위, 아스팔트 쪼개진 자리
어디나 번져 가는 모진 생명

온 세상, 회오리바람 이는 곳
민들레 솜털 씨앗 하늘까지 받쳐 올리려고
오색 인종의 나라 어딘들
민들레 노란 꽃 세상 만들려 하였으니

상사화 · 1

뭍이 바다를 그리워하면서도
멀리 밀어내듯
상사화는 잎이 꽃을 보자 하고
꽃은 잎을 그리워해도
잎이 봄에 오면, 꽃은 여름에 온다

사랑이란 지나간 자리에
그리움으로 남는 것
사랑은 현실이 아니고
버릴 때만 강렬해지는 것
꿈속에 머물다가
눈뜨면 사라지는 것
사랑은 너무 무거워서, 한평생
무게를 자꾸 덜어 내는 것

상사화는 헛된 색채를 두르고
부끄럼을 화심에 수술수술 묻으며
하늘이 금빛으로 물들 때
짙은 노을이 된다

상사화 · 2

일 년에 한 번 만나도 좋아요
두 번쯤 바람결로 오서도 좋아요
이십사절후 다 보내시고
눈 녹을 무렵, 호젓이 얼굴 내밀어 주세요
이파리 스러지면, 계절의 경계에서
잠시 비치는 나그네 발자국 소리
지나가듯 시선 주시며
팔랑팔랑 손 흔들어 주세요
한 오백 년 참아 온 고독
계곡 내리치는 물결 소리
그대의 가쁜 숨
꿈에라도 자꾸 끌어들이오니

밤마다 그리워해 주세요
바다가 내 사연으로 끝없이
철썩거림을 그대 귀 기울여 주세요

산사 종소리

쇠붙이의 울음이 아니라
내 가슴 공명으로 산울림 되오니
파르르 계절이 떨릴 때
무슨 의미인들 바람 한 줄기 풀어 주세요

내 꿈은 낮이고
그대 꿈은 밤이니
꿈과 꿈이 만나서
우리 영원한 사랑 익으오니

하소 백련

호수는 우련히 밝았다
하늘이 별들 이끌고 소문 없이 다녀갔다
하늘 옷깃 정갈하여 여울여울 헹구어도
호수는 언제나 맑았다

하늘이 고운 빛으로 내리면
연잎은 쪽빛
호수가 하늘빛으로 씻기고
속세 부끄럼 나직나직 가라앉혀
백련이 핀다

초여름의 호수
둑 타고 상여 지나가고
종이 연꽃 따라
소복 여인 흰 버선발 동동
울먹이던 수면의 물안개
덮으며, 연잎 펼쳐지고
달의 우수, 어린 풀벌레 울음

연잎에 구르면

조용히 흰 구름 떼

향기 담아 내리어

백련白蓮이 핀다

개화 · 1

무명과 무명 사이
한순간 눈부신 정경으로
하나의 풀꽃이 생명을 연다네
세상의 종말과 종말 사이
휘영청 달이 커지는 하늘
온 세상 모습을 잃고
영혼들 모여들어 소용돌이칠 때
화들짝 풀꽃들 일어나
온 세상 수런거린다네

온 천지 풀벌레 울고
몇 날 밤 별들 숨죽이다
하늘이 사뿐히 내리며
한 모금 정갈한 아침 놓으면
우주를 파르르 떨며
풀꽃 한 송이 핀다네

꽃의 기억 영원히

지워지지 않는 법
낙화의 끝자리에서 포롱포롱
미동의 선율 남아 있다
짙은 의미를 다시 깨워
후생의 후생에 이르도록
개화를 예비해 두었다가
어둠 박차고 갑자기
환해지는 거룩한 세계

개화 · 2

아름다운 노을이
벼랑으로 쏠리고 강 언덕
연인들 눈빛 맞추어
너, 곱디고운 꽃이 온다

찬란하던 별 떼
빛바래고 아침엔
너, 붉은 꽃이 온다

물안개 호수를 절이고
숲이 어둠을 비워 내면
너, 향기 가득 머금고 꽃이 온다

꽃이 올 때
시간의 심장은 멎고
해님과 달님 번갈아
하늘을 곱게 빗으면
아득한 나라에서

무수한 생명 보듬고
퍼뜩 꽃이 온다

낙화를 위한 노래

시간의 그늘로 빛이 지면
골방에서 고물거리는
무수한 눈빛
어둠은 끝없이 몰려오고
몇 겹으로 너울 쓴 꽃의 잔상殘像들

개화開花 때부터 점지되었던
수직의 함몰, 슬픈 눈부심
까마득한 정적, 그러나
단절을 넘어
천지 가득한 파동이다

하늘이 빈자리인 것처럼
그리고 가득한 진리인 것처럼
꽃이 목청을 거두면
가득히 차오르는 생명
가만히 함성을 가두고 기다리면
우리의 깜깜하던 세상은 다시
휘영청 밝으리니

꽃의 전설

아득한 남도 땅끝
햇살 닿아, 정령精靈 하나 솟고
밤의 음모에도 꺾이지 않아
꽃 심지 섰다
천지를 발아래 서려 두고
꼿꼿한 푯대에 화려한 정좌
조선 강토 꽃들에게
일제히 전해지는 화신花信
붉게 열리는 방방곡곡 사발통문
고만고만한 혁명들 불길로 오르고

동토凍土를 반역하며
북으로 밀고 올라
소리 없이 민초들 꽃을 예비하였으니
한날한시 천지개벽하는 함성

꽃이 등극하자
사람들은 경배하기 시작했다

아픈 사람, 죄지은 사람, 누구나
신앙처럼 섬겼다
꽃은 나부끼지 않으며
안으로만 깊게 펄럭이는 것이니
몇 세기도 건너뛰며 언제나
꽃은 꽃이었다
연록의 생명을 머금어
꽃은 마침내 웅장한 소리가 되었다

어떤 울음

섬 하나 외로이 울고 있었다
바다는 태초부터 울음바다
울 수 없는 것은 모여
뭍으로 올랐다
울음이 될 수 없는 것은
큰 바위 옹이가 되었다

울어도 소리가 없는 것은
바람이 되었다

울다가 멈춰서
그 울음 언뜻언뜻 꽃이 되었다

# 제5부
퉁소 소리

폐선 · 1

땅과 물 사이
그는 아직 놓여 있다

상반신을 흔드는 바람과
하반신을 허무는 물결 사이
그는 아직 놓여 있다

버려지는 모습과
버리지 않으려는 마음 사이
그는 아직 놓여 있다

세월 얽어매던 단단한 쇠사슬
이미 헐고, 검붉은 피를 흘린다

조문弔問을 서둘러
오대양 바다 다녀가고
육대주 바람 다녀갔다
그는 지구의 순례를 마쳤다

폐선이 배이던 본질과
배가 폐선인 실존 사이
그는 아직 놓여 있다

세월도 일렁거리며 지금 삭는 중이다

폐선 · 2

나무 쪼가리들 뭍을 떠나
바다를 한 생애 떠돌다
심해선에 나아가 배가 되었다
눈과 귀를 틔우고
높은 망대의 촉수도 세웠다

몰려드는 물결은 지구의 숨결
오대양 육대주의 비명도 해일로 들려오고
거칠게 지구가 몸살 앓을 때
돛을 처박고 죽은 듯
해변에 엎드렸다

온 세상 지우려는 듯
바람은 한사코 형체를 무너뜨리고
바다는 파도 일으켜
배 밑창을 허무는 것이었다

순항이란

바람에 흔들리는 것
물굽이 따라 흐르는 것
그러므로 유랑은 배의 운명
삶은 떠도는 유전流轉

병든 물고기가 흰 배를
수면위로 부풀리듯
배는 옆면을 해변에 기대고
맥박도 고르지 않게, 콜록거렸다
뭍에서 내려온 한 떼의 바람
'그대여, 이젠 전설이 되라' 하고
욕지기를 퍼부었다

육지에 반쪽 바다에 반쪽
몸을 내맡기며 폐선은
이승과 저승, 그 경계의 둑에
잠시 머물고 있었다

시의 그늘

신문에 실린 내 시 한 편
소중한 삶의 이야기들 행간에 담았었어
이웃 동네 이야기 가위질하고
내 언어 유희를 스크랩했었지

몇십 년 세월 누렇게 변하고
내 시의 뒷면에 실린 기사 하나
'생활고로 한 가족 동반 자살'
우연히 발견한 처절한 인생살이
내 시는 아무것도 아닌 거였어
신문쪽지를 뒤집어 놓았지

항상 내 삶의 뒷등에는
슬픈 사람들의 사연들
지나가거나 신음하고 있었어

보이는 것보다
보이지 않는 진실들이

내 시의 그늘이 된다는 것
내가 움켜쥐고 있는 일상은
대개 위선이었다는 것
그 후론 시의 아득한 내면이나
어둔 뒷등을 살피기 시작한 거야

퉁소 소리

무심결 바람으로 목숨 돋워
고웁게 목청 다듬으며
한 그루 대를 세웠다가
술렁이는 대밭에서 그 바람 소리까지
정중히 한 아름 풍류 모서 내다

동해바다 떠가는 뱃고동 소리랑
노령 메아리랑
다 모아 정갈하게
한 가락 퉁소를 빚다

소리의 영혼 들락거리게
숭숭 바람통도 내고
임의 손결 흘러내리며
몸매에 사무치거나
휘몰이 바뻬, 샛강도 첨벙첨벙
청승맞은 조선 소리 되다

예쁜 귀신 울음도 고와라
한 오백 년 넘실대다 삭아
저녁 서글피 보슬비 되거나
하늘과 땅 사이 떠도는
원혼들 휘파람 되거나
간절히 달빛을 듣고 싶은 사람의
가슴에서 가슴으로 울리는
퉁소 소리 되거나

실끈 잇기

사람들
실을 하늘까지 뽑아 올려
연의 생명을 얹는다

거미들
이승과 저승 끈을 이어
나방의 목숨 얹는다

누에들
실로 칭칭 곤한 잠 꿰어
나방이 꿈을 얹는다

별들
무수한 금빛 살 투망을 늘여
은하 생명을 얹는다

꿈 속에서

찬란한 별 떼 데리고
하늘이 저물면
우리 잠 속은 긴긴
꿈의 생애

젊은 시절
유년의 소꿉놀이 보이고
어머니는 배시시
등장하신다, 옥양목 고운
젊은 우리 어머니

장년 꿈 자꾸 꾸이고
군대 시절, 직장 시절 마구 섞이어
나는 쫓기고, 땀도 흘리면
늙지 않은 어머니
치맛자락 냄새로 나를 감춘다

늙어 가면서

낮 졸음에도 자주 꿈이 얹힌다

항상 나보다 젊게
중년쯤 되고, 좋은 것만 내게 주다가
언뜻 떠난다, 어머니는
꿈속에서도 늘 바쁘다
참으로 우리 어머니다
나에게 자주 오려고
내게 자꾸 꿈 펼치는가 보다

ㅌ과 ㅊ의 변증법

아프리카 후티족은 후치족을 철마다
몇백 명씩 죽였음

더 옛날에는 ㅊ이 ㅌ을 죽였음

ㅊ을 죽인 ㅌ도 죽었음

죽이고 죽은 후엔
죽음과 주검이 되었음

아프리카에선 ㅊ과 ㅌ이 서로 죽였고
아시아에선 ㅌ과 ㅊ이 함께 죽었음

죽인 아프리카와 죽은 아시아의 이승에서
ㅌ과 ㅊ이 몸 바뀌어 태어남

새천년이 되자
ㅊ과 ㅌ이 자꾸자꾸 짝짓기하고 있음

나이를 먹어 가는 중

어느 토론장 나가니
어떤 이는 철학이 문학이고
문학이 예술이며
예술이 인간이라 하고
또 어떤 이는 그 반대라 했다
좌중이 술렁술렁하게 다퉜다
다툴 일이 있는 사람들은
참 이상하다

밤이 물러간 후 나도 함초롬히
이슬에 젖어 홀로 꽃밭에 서서
뽑혀 나간 잡초를 골똘히 생각한다

요새는 참 이상하다
내가 나를 멍하니 놓을 때,
산길에서 나를 힘들다고 생각할 때,
집 안에서 밖으로 생각 쏟을 때,
지난 과거 일이나, 미래 내 무덤 그릴 때,

다른 사람의 서러운 심정을 내 마음이 형용할 때,
보슬비 오는 날, 석양 노을 만나서 서글퍼질 때,
아무렇지도 않은 남 말이 오묘한 철학으로 느껴질 때,
미움이나 사랑도 덤덤하게 삭을 때,

내 빈 항아리에
인생의 작은 메아리 스며든다

이웃집

이웃집, 예쁜 주택 하나 들어선다
뾰쪽뾰쪽 지붕 몇 개 등판에 지고
지붕 밑에 들창코 열고
촉수처럼 안테나도 늘여
불란서 신식 집 같고
동화책 마귀할멈 집 같고

큰 방 몇 개 거느리는 걸 보면
어린이집 같아, 조잘조잘 병아리 떼
귀여운 아이들 모여들 테지

생각하니, 틀림없는 교회당이지
십자가와 네온 불빛 얹으면
교회당이야, 벌써 목청 높게
목사님 강론 새어 나오는군

그것도 아니야
돈 많은 건설업자가 숨겨 둔

소실댁 들일 집이지, 꾸밈이 속살속살
고급 가구 몇 개도 들인 걸 보면

깊이 생각해 보니, 그게
한 생애 열심히 살아온
중년부부 살림집이지
셋방살이 면하고
정중히 집 한 채 모시는 게지
알콩달콩 사랑 그림 그리려고
두세 명 자녀 옆구리 끼고
고운 티 가시지 않는
중년 여인네
친정어머니 모시고
조만간 들이닥칠 터이지

못질하기

평온한 수직의 여백에
거슬린 수평의 이념을 꽂는 것
융숭한 안식의 시야에
낯선 공포의 쇠꼬챙이 찌르는 것
무념무상의 면벽에
고약한 형상을 처넣는 것
편리 펴는 자리에
불공정을 밀어 넣는 것
사랑의 고운 마음결에
질투의 눈발 쏘는 것
순리의 인간 역사에
모순의 폐악 끼치는 것
인간과 인간 사이에
이간을 쑤셔 박는 것
진정한 밝음에서
끝없는 어둠으로 몰아넣는 것

벽 · 1

나는 자유인이다, 자꾸 외치면
사방에서 에워싸는
저항의 벽
허물어도 다시 쌓이는
불멸의 그을음

원시시대 길들여진
관습의 부호들 벽을 뚫고 나가면
문명 띤 언어가 된다

벽 속에 갇혔던
불순한 쾌락
뛰쳐나가, 사막의 모래바람처럼
하늘을 통째로 가린다
벽은 그리하여 짙은 어둠이 된다

이승에 갇힌 영혼들
육신으로 스미어

부글부글 끓다가
모두 부서진다

벽은 다시 쌓이는 것
인간이 인간의 벽이 된다

벽 · 2

이웃의 접근 막기 위해
벽을 쌓지만 이내
내가 갇힌다

벽 속에서
혁명은 자라고
벽 안에서
거친 모략이 일어난다

불륜의 벽
불법의 벽
부도덕의 벽
부자유의 벽

인간의 심신을 가두는 것이
벽의 유래다
동굴 속 숨어, 공포와 두려움의
벽을 친다

박쥐들은
벽 속에서 어둠을 난다

우물가에서 · 1

빛나는 별 무리 이끌고
하늘 스스로 우물에 찰랑거린다
새색시 새벽잠 털고 나와
고운 영혼들의 바닥으로
두레박 줄 내리면
몇 낱 빛 어른어른 수면에 파닥이다
잔잔하게 울린다

온갖 음침한 남루를 벗어라
새색시 볼에 흐르는 새벽빛으로

세상 차가울수록 샘에서 오르는
물안개 널리 퍼져서
우리 영혼의 빛도 온 세상으로 번져
대낮처럼 밝힌다면
그땐 하늘이 우물이고
우물이 하늘인 게지

우물가에서 · 2

우물 속
햇살 등지고 사는 운명들
빛은 거울 반사로도 한 길 깊이를
내려딛지 못하고
몇 마리 등 노란 물고기
그렇게 모여 사는 세상

밤낮없이 어둠이
돌층계 짚어 내리는
먹물로 번지는 청아한 산수화 한 폭
바깥세상 물상들 어른거리어
제 모습 지우며 흐릿하다
한 타령으로 솟구치는 생명의 물줄기

사람들 가끔 소리쳐
웅숭깊은 무슨 영혼 불러내지만
거부의 몸짓으로 퉁겨 오르는
차가운 메아리 한 줌

우물 안에는 태고의 고요와
흔들리지 않는 평화가 있다
철철 넘쳐 온 세상에 번져 나갔다

빨래하기 · 1

세상 모든 이목 뿌리치고
하얀 순수 맞이하기
깊은 안섶에 서리던
흰빛 영혼 모셔 오기
인간 본연, 태아의 꿈속
정갈한 빛타래 길러 오기
눈물도 더 걸러진 눈물
손등에 뚝뚝 떨구며
후회의 깃털까지 털어 내기

내 안 불순한 찌꺼기 몰아내고
청청한 골짜기 깊이 맑아
아무것도 어리비치지 못한 곳
다만 순백으로 물결 고요히 찰랑거림

푸른 하늘빛도 무색하게
새털구름으로 띄워 올리기

찌든 정신의 안섶 활짝 펴들어
한 올 한 올 생명해 내기

고운 바람결 부여잡고
눈부시게 펄럭이기

빨래하기 · 2

때 전 몸
전생의 업보라 하자
영혼까지 땟물 절어
옷 자꾸 갈아입어도 배어나는 정념情念
눈물 속 스민 비겁함이나
웃음 속 비집는 더러운 위선
꼬깃꼬깃 구겨 넣었던 부끄럼
무모한 생애 뒹굴어 온 죄업이지

털어 내면 그때뿐, 되돌아오는 메아리같이
사방에서 묻혀 드는 땟물
내 몸 안 연달아 솟아나는 욕정欲情
속옷이 더 더러웠지

이제 맑은 물속으로 뛰어들어
심신을 헹구어 내자
외양을 털어 내면 그만이지만
육신도 한 꺼풀 벗겨 내면 되지만

마음 안 곰팡이와 먼지
오욕 칠정 뒤범벅이 되면
한사코 빨아서 펴 너는 속내

키만큼 쌓인 업보 벗어던지고
새아침 맑은 샘물에
풍덩 몸 담그자
몸무게를 새털만큼 가볍게 하자

궁금증 · 1

어린 시절 동구 밖
손수레 끌던 어떤 할아버지
바퀴 하나 허방에 박혀
오래 끙끙대더니

할아버지 그 수레 어찌 끌어냈을까
어떤 생애를 끌고 다니다
지금 어찌 살고 있을까
아니면, 언제 어디서
어떻게 세상 작별했을까
무슨 유언 남겼을까

궁금증 · 2

초등학교 시절 담임선생님
한평생 일기 쓴다 하였는데
팔십 훨씬 넘은 고령에도 여태 일기 쓸까
무슨 빛깔 허무를 노트에 담을까
하늘 갈 때 일기 다 가져갈까
아니면, 모닥불에 다 태울까

제6부
마늘밭에서

허수아비

허수아비 누더기 모습보다
그림자가 더 빛나는
황금 들녘
몇 대째 가난 물려받은
어수룩한 외발의 허수아비

그의 그림자까지 거둬들인
들녘은 온통 텅 비고
바람까지 옷섶을 숭숭 꿰어 지나가고
거친 역사의 남루로 허수아비는
조선 들녘을 홀로 지켰다
쫓는 것은 조선 새가 아니라
외세의 말발굽 소리

사람 흉내 내다 일찍이
영혼을 잃었다
엷은 가을볕에 숨결 띄우며

하늘의 뜻에 젖어
함께 노을이 되었다

별들 이야기

별들이 빛 항아리 퍼내며
천만년 쉼 없이 반짝거릴레
아득한 시공의 끝자락에서
그리움 키워 내는
방출의 눈부심

자꾸자꾸 빛 너울 길러서
은하수 질금질금 넘치게
몇만 광년 이웃인
베 짜는 여인에게
눈빛 보내는 것일레

나도 하나의 작은 별 되어
빛 파장 한 줄기 거느리고
목동 별자리에 끼어들리
그림 같은 호수에 내려앉아
함께 반짝거릴 수 있다면

이승을 살며 온 정성으로
별 되리라, 아름다운 사랑
가슴 여미며, 까마득한 어둠 속
푸드득 생명을 일으켜
가슴부터 등판까지 빛나게 닦아
별들 이야기 찰랑대게 한다면

별

저녁 되면
별 무리
차곡차곡 차오르는 하늘

새벽 되자
하늘이 별들과 더불어
모두 빠져나갔다
이 세상 일들 물 새듯 빠져나가면
나는 무엇으로 남을까

하늘은 신기하게 다시 푸르고
나는 투명한 유리창의 가슴

눈 속에 갇혀

눈 속에 한 닷새 갇히어 즐거운 칩거
갇히므로 더욱 넓게 누리는 자유
눈발 있는 세상 끝까지 퍼져 나간다
시선 머문 곳은 희디흰 여백
내 꿈의 그림을 가득 채운다
잡념까지 비워 낸
은빛의 백치
얽힌 매듭 푼 가득한 평화가
마음 뜰에 술렁거린다
내 마음이 빚어낸
하얀 조각품들

세상은 널따란 백지
사람들 생각을 은박으로 펴
경계는 뭉개지고 지우며
벌써 내 마음은 모든 이웃을 맞아들이고 있으니

나는 진정한 나로 차오르고

내 정감의 천지는 눈, 눈, 눈
한 가지로 형용하는
진실한 눈의 세상

눈, 세상을 흔들다

창문 내다보니
함박눈 구석구석 밤을 채운다
가로등은 시린 빛을
발등에 뿌리면
눈발이 가로등을 흔든다
금빛 가루를 분사하는
자동차 헤드라이트 위아래로
세상은 모두 흔들린다
멈칫거리며, 하늘이 쏠려 온다
하늘과 땅이 하나로 사운대는
완전한 통일

눈발이 도시를 휘젓자
빌딩들 아랫도리 흔들리고
사람들 내걸던 깃발들
축 처져 펄럭이던 생명을 잃는다
하늘 찌르던 이념의 푯대도
눈 속으로 스며 흔적이 없다

눈발이 비틀거릴수록

완전해지는 세상

눈이 사람의 방 안을 빠끔히 들여다본다

눈 오는 풍경

유리창 닦아 내듯
하늘을 닦는 흰 눈발
도시의 소음이나 거친 텃밭
기적 소리도 모두 함께
눈발에 덮인다
썩은 두엄자리
공사장 쇠꼬챙이나, 날 선
사람들 분노까지
사람의 모든 부끄럼도
덮어 버리는 눈 자락

눈 오는 날
속살속살 연인들 대화가 들떠
저리 고운 눈발 되지
꽃들 진 뒤에도
아름다운 꽃말 함께 모였다
하늘을 온통 채우지

도시 벗어난 샛강도
하구에 나가 눈발 쓴
하얀 면사포의 신부가 되고
눈이 오면
종교는 그 하얀 지붕으로 인하여
진정한 종교가 되고
뎅강뎅강 종소리 눈발 부여잡고
하늘 층계를 오른다

도시 풍경

석양 그을음으로
하늘이 칙칙해지고
검은 기차가 꼬리 끌며 떠난다

도시는 몇 초롱 가로등 빛을 머금자
골목골목 쏟아져 나온 밤안개

어린이 놀이터엔
갈색 황혼이 느티나무 그림자를 늘이면
돌개바람 몇 줄기가 그네 밑에
티끌을 몰아 섶을 쌓는다
사람들은 일찍 귀가하고
벤치는 싸늘히
쇠 빛으로 식는다

모든 생각이 어질어질해진
나는 한 마리 가을 풀벌레
몸이 웅크려졌다

매미의 울음 그친 지 오래다
가을이 내 가슴에 젖어 온다

겨울 강

험한 계절
빙판의 눈 시림으로
어머니의 동공은 백내장에 덮였다
강 밑으로 소리 죽여
흐름도 멈춰 선 세월
간간히 철새가 지나가고
하늘엔 초승달만 걸려 있다

어머니 기도는
목 안에서만 울먹였다
어둠 자꾸 포개며
차가운 냉기 새벽을 막아서고

어머니는 손바닥에
별빛을 받아
소원을 정화수에 얹으며
전선 나간 아들
무사 귀환을 빌었다

새 며느리에게도 미안한 어머니

천 리에 귀를 풀고

환청으로 강물 풀리는 소리를 들었다

들녘에서

어제 저녁
하느님 섭섭하게 다녀가셨는지
모락모락 들안개만 괴어 있다
촐촐한 아침, 가을 길 멀리 그어
사람들 가슴도 휑하니 뚫렸다
떠나야 한다는 시늉으로
딱새 한 마리
늦가을 가로질러 가고

텅 빈 밭 낮 닭 울음
골골골 목청이 잦아들었다
속 쓰린 가슴들

우리가 땀 흘려 들판에서
가꾸던 것이 무엇이었던가

오늘도 하늘은
땅에 털썩 내려앉는다
만사 허전하여

우리의 영혼까지 맑게 흘러가야 한다는 것을

광야를 열어 강이 몸 풀어 낼 때
부스스 태양도 잠 깨어
온 누리에 빛 뿌려
온갖 생령들 목숨을 일으켰다

사람들은 강 따라가며 수천 년간
물의 역사를 써 나갔다

차차 사람들은 강을 등지거나
강물에 먹물 풀어 마침내
이 땅, 검은 광야가 되었다
천지는 어둠에 갇히고
빛나던 초원 황톳빛이 되었다

공룡 떼 지나가고
누 떼 지나가며
먼 강을 그리워
생령들은 목울음을 울었다

이제 우리는 알아야 한다
태양이 아침마다 새로이 떠오른다면
강물도 새로이 흘러가야 한다는 것을
우리 몸 맑은 피 돌 듯 정갈하게 휘돌아
우리 땅, 우리의 하늘
금빛으로 빛나야 한다는 것을
우리의 영혼까지 맑아져
천만년 환하게 흘러야 한다는 것을

열대야 熱帶夜

여름밤은
더욱 짙은 어둠에 휩싸였다
겹겹이 더위의 장막

베옷도 걸치지 않은
어둠의 나신裸身들과
바짝 마른 나무들 광장
네온 불빛에 이끌려 몽환자처럼
매미들은 거푸 울어 댔다
열대의 숲은 맹렬히 일어서고

사람들은 잠의 언저리만 기웃거리며
악몽에 끌려다녔다
꿈속의 꿈, 엷은 잠결
가까스로 뜰에 내리면
말곳말곳 별 떼 몇 자리

몽매한 인간 세상을 뛰쳐나와

달맞이꽃들은 강 언덕에 앉아
벙글어 초롱거렸다

밤이 천 리나 멀어진 뒤에도
사람들의 아침은 더디게 왔다

꽃샘추위 · 1

도시 한가운데 공원
분수가 힘겨워 물 뿜지 못하고
오늘도 쉰다
나무들은 아직
잠에서 깨어나지 못했는데
몇 마리 새가 늦은 계절을
가쟁이째 흔들어 댄다

꽃샘추위 · 2

아침까지도
아직 가로등불 끄지 않아서
지나가는 사람들 이마에 차갑게 얹히는
희끗한 불빛

이웃집 할머니가
녹슨 철 대문을 삐거덕 연다
구름에 해 가리고
몇 가닥 바람만 웅성거리는 아침
양파장수 수레 끌며
시린 목청을 띄운다

꽃샘추위 · 3

꽃 하나 붉히지도 못하고
왈칵 한 나절
바람들이 일어났다
뒷골목 그늘로 몰려간다
할아버지의 밭은기침
처마 끝에 내거는 몸살

우리는 모두 타향에 산다
경칩 날이던가
멀리 이모의 부음이 왔다

꽃샘추위 · 4

고아원 보모의 목소리
카랑카랑 담을 넘는다

아이 하나 모질게
꾸중을 하나 보다

깨죽나무에 앉는 까치 한 마리
찰각찰각, 엿장수의
목쉰 가위질 소리

가을날

푸른 하늘
고추잠자리 떼 온종일
붉은 물감으로 붓질을 한다
느지막이 하늘이 온통
붉은 노을

하늘의 뜻도 저리 익는다니

마늘밭에서

무서리밭 뾰쪽한 여린 싹으로
연록의 생명을 세우다
연속 눈이 덮여 와도
아득한 어둠 밑에서도 순백의
하얀 목숨 연명해 오다
거뜬히 혹한을 넘어
전신에 쫘악 흐르는 매움

모진 역사를 건너온 목숨
고조선 토굴에서
곰을 사람으로 바꾸고
오천 년 역병 밀어낸
신비의 마늘

견디어 내자, 인고의 세월
절망의 늪 건너
앳되게 하얀 가슴이지만
흉흉한 하늘에겐 서릿발 창날

저항의 생애는 어쩔 수 없이
모진 것이러니, 언 땅
자박자박 걷자, 저린 팔다리 이끌고
장다리 꽃대공이들 일제히 일어나는
찬바람 쌩쌩한 광활한 벌판에서
속옷 단속하며
조선의 마늘로 더욱 매웁게

발문

눈부신 언어의 무도舞蹈

전 정 구
(문학평론가 · 전북대 교수)

1

 소재호의 첫 시집『耳鳴의 갈대』(1993)에서 구상은 "만물조응萬物照應의 상징력을 지니고 또 발휘하는 시인이 있음"을 귀하게 여겼다. 당시의 시단이 "운율 중심의 서정이나 서경, 아니면 사변思辨이나 수사修辭가 판을 치는데" 만도의 시 세계에는 그러한 시류에서 벗어난 독특한 그 무엇이 있었다. 그것을 구상은 '만물조응의 상징력'이라고 지적했다. 그러나 이번 시집은 물론이고 이전 시집의 주조적 경향을 상징주의에 귀속시키기 어렵다. 이러한 점에서 '만물조응의 상징력'

이 상징주의의 본령과 직접 관련된 것은 아니다.

첫 시집의 "박진迫眞한 시심詩心만으로 깃발처럼 나부끼고"(「자서」) 싶은 작시법의 관점에서 '만물조응의 상징력'이 재해석되어야 한다. 당대 시단의 창작 방식이 보여준 언어 기교나 율동, 혹은 풍경 묘사에 전적으로 의지하여 그 자신만의 예술적 감각을 발현시키기에 소재호는 무언가 부족함을 느꼈던 것 같다. 그 대안으로 모색된 그의 작시법이 '주변의 모든 사물들과 조응調應하는 친화력'으로 발현된 것이다.

언어의 해원海園에서 박진감 넘치는 시심을 펼쳐내기 위해 그는 특유의 친화력을 바탕으로 표현 대상과 자신이 한 몸을 이루는 상상적 일체감을 추구했다. "몸부림으로 시詩를 퍼 올리는 박쥐"(「박쥐-작시법作詩法」)가 그러한 예에 속한다. 어둠 속을 헤매는 박쥐는 시인 자신의 분신에 해당한다. 박쥐와의 상상적 일체감을 통해 '천지를 온통 어둠 하나로 둥지 틀어' 그 안에서 시를 설계하고, 시의 기둥을 세우고, 시의 지붕을 얹었다. "원고지 한 칸 한 칸/ 몸뚱아리로 들어가 스스로/ 크고 검은 글씨가 되어/ 몸부림으로 시를 퍼 올리는" 박쥐는, '박진한 시심'과 그것을 '깃발처럼 나부끼게' 하고 싶은 열망의 화신化身인 시인 자신을 지칭한다.

2

박쥐가 된 시인은 "아직/ 아침을 만들지"(「모닥불」) 못하는 '빛'을 뒤집고 "하늘을 뒤집고"(「박쥐-작시법」) 시간까지 뒤집는 시쓰기에 몰두한다. 그것은 "가슴에서 가슴으로 흐르는/ 강 한줄기"(「섬진강·2」)같은 서정을 표현하기 위한 불가피한 몸부림이었다. "실로 유연하고 대기다운 자세와 정진에 감복한" 이유도 시인의 감각과 개성이 발휘된 치열한 시쓰기를 구상이 예리하게 간파했기 때문이다. 첫 번째 시집의 시세계가 지향하는 방향이 여러 갈래로 분산되었음에도 불구하고 구상에게 뚜렷한 인상을 각인시킨 이유가 여기에 있다. 현대 시인은 전통 서정의 세계에 타협하는 자세를 가져서는 안 된다. "총알처럼 목숨의 끝까지 허막虛漠을 뚫고"(구상, 「시와 현대 문제의식」) 나아갈 필요가 있다. 소재호의 작시술이 이러한 요구에 부응했던 것이다. 따라서 고투苦鬪의 몸부림으로 출렁였던 창작의 열기에서 수반된 '삶의 초조와 동요와 혼란과 불안'이 귀한 시인의 탄생을 예고했을 것이다.

"붉던 감성의 이파리들"(「외박」)이 가슴에서 하나씩 이울면서 시는 "의미를 삭혀야 들리는/ 산울림 같은 것"(「자서」, 『용머리고개 대장간에는』)이라는 사실을 시인 스스로 깨닫게 된다. 초기시에서 그가 보여준 열정을 내면에서 한 단계 승화시키는 삭힘의 과정이 그것인데, "선정에 든 강에서/ 나도 안으로 환해지며/ 평화를 얻는"(구상, 「강·3」) 경지에 비유될 수 있다. 동시에 그것은 첫 시집의 '박쥐가 되어 어둠의 동굴 속을 헤맸던 치열한 시쓰기'가 두 번째 시집에서 뚜렷한 성과로 결집되었음을 뜻한다. 그 증거가 "하늘이 하나인 조국을 날고 싶은 꿈"(「소만 국경의 해오라기」)이다. 그는 민족

화해와 조국 통일의 개인적 염원을 이 한구절로 함축해 낸다. '지금 여기'에 삶의 뿌리를 내린 우리 민족의 꿈을 '소만 국경의 해오라기'에 의탁한 수법을 통해 시인이 보여준 개인적 차원의 역사인식은 단순 소박하다. 간단명료하지만 강렬한 인상으로 우리의 가슴을 두드리는 그의 역사의식은, 그러나 음미할 가치가 충분히 있다. 이번에 발간되는 세 번째 시집에서도 개인의 희망을 넘어 공동체의 염원을 반영한 그의 역사 감각이 발현되어 있다. 그것은 한 개인의 사유를 통해 민중사적 고난의 궤적을 우회迂廻하는 간접적 방식이다. 민중의 존재에 대한 자각과 연민이 암시적인 형태로 가시화된「개망초」가 이러한 예이다.

> 너는 천만 송이로 후북이 피어도
> 단 한 송이 꽃도 아니야
> 쭈빗쭈빗 함께 고개 내밀며
> 무더기로 모이기만 하면
> 산야는 온통 너희 흰빛 나라
> 소금밭보다 더 짜디짠
> 조선 벌판 흰 눈물인 것을
> ―「개망초」부분

산야에 널려 있는 천만 송이 개망초는 '단 한 송이 꽃'도 아니다. 이것은 한 송이 꽃으로 대접받을 수 없음을 뜻한다. 국토의 어디에나 산재해 있는 버려진 존재이기 때문이다. 그러나 미적 대상의 관심 밖으로 벗어난 개망초에는 민중의 모습이 오버랩 되어 있다. "소금밭보다 더 짜디짠/ 조선 벌판" 흰빛 나라의 주인이 개망초이듯이, 민중 또한 그것과 마찬가지로 척박한 이 땅에 생명을 의탁하고 있다. 염토鹽土에 비유되는 황량한 벌판에서 후북이 피어난 개망초는 민중의 모습이고 그들은 다 같이 흰 빛깔이다. 조선 민중의 몸을 가려 줬던 흰옷을 닮은 그 꽃의 백색이 눈물인 까닭이 여기에 있다. 소외되고 버려지고 돌봄의 손길이 미치지 않는 하찮은 존재에 대한 성찰을 통해 보여 주는 시인의 역사에의 관심은, 대부분 궁핍한 시대상이 반영된 민중의 척박한 삶의 현장에 관한 것이다.

거창한 명분과 고도한 논리의 역사관을 거부하는 소박한 역사의식이 자리 잡은 작품에는 시인이 딛고 살아온 조선 땅의 자취와 숨결이 간직되어 있다. 그가 다루는 대상은 일상적인 것들이 대부분이고, 주변에 널려 있는 흔한 것들이다. 거창한 구호나 심오한 이론이 그의 작품의 소재나 재제로 등장하는 경우는 드물다. 그러나 그가 접근한 자연이나 사물의 세계이든, 인간사회에 대한 것이든 그것들은 실재實在를 밝히려는 노력, 즉 형이상학적 인식이 작품세계에 반영되어 있다. 문학의 궁극적인 목표는 '인간이나 자연이나 사물의 본래적 모습을 밝혀 놓으려는' 작업에 있다. 그것은 "존재에 대한 성실하고 끊임없는 물음"(구상,「현대문명 속에서의 시의 기능」)과 다르지 않다. 소재호의 시세계에는 존재에 대한 성실한 물음이 내재되어 있다. 그 물음에는 오늘의 우리사회에 대한 관심과 인식이 자리 잡고 있다.

어린 시절 외갓집 벽에 걸린
구룡폭포 사진 한 장
몇십 년 전 기억 속에 묻혔다
적송赤松 숲 헤치고
금강산 여기와 걸려 있네

조선 천지 고운 풍경 다 놓아두고
외삼촌은 하필 구룡폭포 한 장만 걸었을까
곧게 사시며, 수궁가 한 마당 잘 뽑으시던
외삼촌 조경환 선생 소리 마당에는
토선생이 산천경개 구경하던 모습 선연하고
　　　　　　　　　　　　―「금강산 구룡폭포」 부분

　이 작품의 소재는 구룡폭포를 그린 빛바랜 사진 한 장이다. 그 한 장의 사진을 통해 외삼촌의 삶을 회고하는 것이「금강산 구룡폭포」의 내용이다. 그러나 과거에 대한 향수로 이 시의 의미를 제한하는 것은 감상의 핵심을 간과하는 것이다. 민족이 반 토막 난 북녘의 금강산을 구경하는 그 날을 기원하는 통일에의 염원을 민중적 관점에서 상기시키고 있다는 점을 놓쳐서는 안 된다. 이 작품과 더불어「해란강 조약돌」도 이러한 깊은 읽기가 요구되는 작품이다. 김수영의 풀을 연상 시키는「생각하는 갈대」또한 민중사적 인식이 나타나 있는데, 굳건한 저항의식과 침묵의 함성을 형상화하고 있다. "까마득한 미래의 강 굽어보노라면/ 언 땅, 밑동에서부터/ 솟아 오르는 연록의 칼 빛/ 은밀한 함성이/ 불끈불끈 터져 나왔다"(「생각하는 갈대」). 자연사물에서 민초民草의 생리를 은유적으로 표현하는 소재호 스타일의 역사의식이 이번 시집의 서정에 은은한 무늬를 이루며 우리의 관심을 끈다. 또 한 축의 빛깔로 교직된 무늬에 형상화된 주제는 사랑에 관한 것이다.

3

 세월의 늪을 건너면서 가슴에 묻어 두었던 사랑의 문제를 우리는 이번 시집에서 조우遭遇하게 된다. 그것은 소재호 시 세계의 중요한 또 다른 측면을 형성하고 있으며, "인고의 세월"(「마늘밭에서」)을 곰삭여 터득한 사랑의 진경眞景이다. 친화력을 바탕으로 존재하는 모든 것을 용납하고 감싸 안으려는 사랑의 발견 그것이다. 그에게 있어서 사랑은 그 대상이 어떤 것이든, 그것에 대한 무한한 포용이며 지극한 애정과 관심을 뜻한다.

> 너는 진정 한 그루 사과나무이지
> 나의 모두로 너에게 몰려가서
> 조랑조랑 매달리면 비로소
> 너는 사과나무가 되지
>
> 너에게 가서만 볼 붉그레
> 나는 분분분 윤이 나지
>
> 네 맥박 불끈거려

뽑아 올린 네 목숨으로만 나는
한 줌 한 줌 시간을 연명하고

비바람 다 함께 내 체질이 되고
마침내 네 몸 안을 나로 채우게 되지

그리하여
너에게 나는
황금빛 사과

태풍이 너를 위태롭게 하면
내가 먼저 너에게서 찢기어
어둔 구렁텅이로 내쫓기지
다음날 다시 네가 내 안에서
무성하기를 소망하며

사랑이란 이름의
우리는 함께 사과나무

―「사과나무」 전문

  이 작품은 사과나무와 그 열매의 관계에 대해 성찰한 내용을 담고 있다. 그것이 바로 '너와 나 사이'의 사랑의 관계이다. 너는 '사과'라는 나, 즉 열매가 있기 때문에 사과나무이다. 너와 내가 '함께하는 사랑, 너와 더불어 네 몸 안으로 나를 채우는 사랑'이 아니면 '너-사과나무'의 존재 가치는 없다. 그러나 '나-열매'는 '너-사과나무'에게로 가서만 "분분분 윤이 나는" 아름다운 본래의 모습을 유지한다. 너와 나 사이의 이와 같은 관계에서 사랑의 진정한 모습이 구현된다. 내가 있음으로 너 자신의 가치가 빛나고, 너에게로 내가 가 있을 때 나는 본래의 아름다운 모습을 지니게 된다. "함께 사과나무"인 나와 너의 관계야말로 자연이라는 스승이 우리에게 가르쳐주는 최고의 사랑이다. 따라서 태풍이 너를 위태롭게 하면 내가 먼저 너에게서 찢기어 어둔 구렁텅이로 나를 몰아넣는다.

나를 키워준 너에게 무조건 바치는 이러한 사랑이 사과나무와 그 열매의 관계에 국한된 것은 아니다. 자연의 나무와 그 열매 사이에서만 이러한 사랑이 필요한 것이 아니다. 불화와 갈등과 대립과 부조화로 생의 소용돌이에 휩싸이는 인간들의 관계, 즉 너와 나 사이에서 절실히 요구되는 사랑이 '사과나무와 그 열매가 보여준 것과 같은 사랑'이다. "심금 서로 울리며/ 꽃 없이도 얼얼하게 맺히는 사랑"(「무화과나무」)처럼, 이해관계와 이기심과 정해진 순서와 제한된 규칙을 넘어서서 열매 맺는 사랑의 모습을 아무나 발견할 수 있는 것은 아니다. 사과나무에 배가 열릴 수 없듯이, 예술의 열매의 형질을 결정하는 것은 예술가 그 자신이다.

"내가 그대에게 가리/ 한 그루 은행나무로 뿌리내려/ 이 강산 뜨지 못한다면/ 바람 일으켜 그대에게 가리/ 사철 내내 형형색색 몸 감던 바람/ 오직 사랑의 눈빛/ 여울여울 바람으로 가리// 내가 그대에게 가리/ 아침부터 햇빛 받아 온몸 더웁고/ 반짝반짝 빛나다/ 그 빛 그 체온/ 눈부신 언어로 그대 창가에 가리// 가을엔 노오란 사랑의 밀어/ 익으면 흩날리나니/ 무상하게 낙엽 떨구고/ 모든 계절로 사무쳐 온 빛깔/ 이제는 우수

수 발치에 내려놓고/ 호수만 하던 그리움/ 한 그루 은행나무로 서서/ 깊은 겨울 잠 덮으리"(「한 그루 은행나무로」). 모든 계절로 사무쳐 온 시인의 눈부신 언어는 은행잎의 노란 빛깔과 다르지 않다. 사철 내내 형형색색 몸 감던 사랑의 눈빛과 그대 창가에 다가가는 노오란 사랑의 밀어가 앙상블을 이룬「한 그루 은행나무로」가 절창인 까닭이 여기에 있다. 호수만 하던 그리움으로 그대의 깊은 겨울 잠을 덮는 장면의 마지막 은행잎의 모습은 우리의 마음에 긴 여운을 메아리치게 한다. 자연에서 우리는 아름다운 삶의 모습을 발견할 수 있다. 생의 마지막을 눈부시게 치장한 결별의 아름다움을 다룬 또 한 편의 작품이 있다. 시인이 관찰한 사랑의 뒷모습을 다룬「낙엽」이 그것이다. 인생사에서 만남이 있으면 반드시 헤어짐이 있다. 이별이 전제되지 않는 사랑은 없다. 사랑이 아름다운 것은 이별이 아쉽기 때문이다. 그 헤어짐이 살 떨리는 또 다른 사랑을 예비한다. 한 단계 높은 사랑의 실현을 위해 이별의 아픔은 역설적이지만 아름다워야 한다. 소재호 특유의 빛나는 서정의 언어들이 유연한 율동을 펼쳐낸「낙엽」은 이형기의「낙화」에 대한 절묘한 변주곡이다. "가야할 때가 언제인가를/ 분명히 알고 가는 이의"(이형기,「낙화」) 아름다운 모습을 그는 '낙엽'에 의탁하여 감칠맛 나는 감동을 우리에게 선사한다.

    붉게 익는 노을
    사그라질라, 사위어질라, 마음 졸이면

순간을 아름답게 이별이 들라 하네

떠나려거든
몸매 아름답게 꾸미어라
세상과 바람
에서 너의 그윽한 눈빛 거두어라

하늘은 메아리가 없느니
메아리 한 줄기 만들지 말고
천지에 떠도는 은밀한 선율에
몸 맡겨 마지막 눈부시게 나부끼어라
아름다운 이별 위해

—「낙엽」부분

  낙엽이 나뭇가지로부터 떠나는 이별의 순간을 포착한 것이 「낙엽」의 주요 내용이다. 특히 이 시에서 눈부신 몸치장으로 예쁜 무희처럼 흩날리는 낙엽의 아름다운 모습이 인상적이다. 인간의 감정을 자연의 빛깔로 전이하는 수법으로 인해 우리는 이 작품이 의도한 메시지에 공감하면서 가슴 울리는 감동의 순간을 맛보게 된다. 자연과 인간의 삶이 다르지 않다. 천지에 떠도는 은밀한 선율을 표현하기 위한 언어의 무도舞蹈는, 지상의 모든 존재들이 그것들의 자리로부터 이탈하는 몸짓인 것이다. 이승에서 저승으로 자리를 옮겨야 하는 인간이나 나무로부터 분리되어 낙하해야 하는 낙엽이나 그 모습이 어떻든 본래의 자리로부터 떠나야 한다는 점은 같다. 이 작품은 인간과 자연의 대조를 통해 자연의 낙엽처럼 인간의 마지막 장면도 아름다워야 한다는 사실을 강조한다.

  소재나 재제의 빈곤을 한탄하는 시인들이 있다. 그러나 시대를 관통하는 예술정신은 옛것으로 새것을 창조하는 온고지신溫故知新에 그 핵심이 놓여 있다. 노쇠한 정신을 자극하는 감성의 섬광들이야말로 이형기와 다른 소재호의 개성이 만들어낸 감각의 빛이다. 노익장의 숨결이 약동하는 이 한 장면의 묘사에서 우리 자신을 끊임없이 성찰하게 만드는 생동하는 언어의 생명력을 느낄 수 있다. 감성의 경역境域을 확장하면서 맘껏 구사하고 빌려와도 불유구不踰矩의 경계를 넘지 않는 그의 시쓰기는 과유불급의 '고운 인품과 언행'을 상기시킨다. 이러한 품성이 그의 시작품에 허세와 과장이 비집고 들어갈 틈을 주지 않았다.

4

  "시詩는 시時"(「자서」)이다. 시간은 문학을 성숙시키고, 그 성숙도는 시간에 비례한다. 소재호의 문학이 여기에 해당한다. 등단으로부터 30여 년, 그 견딤의 시간들이 세 번째 시집의 농익은 서정을 발효시켰다. 시인은 "아, 꽃이 질 때" 낙화의 무상함을 경건하게 맛보며 "나풀나풀 경쾌히/ 삶의 짙던 무게"(「장미」)를 흩날려 버렸다. 아득한 삶의 정적에 몰입했던 관조의 세월이 다작多作을 막으면서 생에 대한 깊은 성찰을 이끌어 냈다. "순항이란/ 바람에 흔들리는 것/ 물굽이 따라 흐르는 것/ 그러므로 유랑은 배의 운명/ 삶은 떠도는 유전流轉"(「폐선·2」). 그는 세파의 흐름에 몸을 맡기며 인생의 굽이굽이 험한 역정을 "배의 운명"처럼 물굽이 따라 유랑해 왔다.

'떠도는 유전'과도 같은 인생의 험로를 순항으로 이끌었던 요인은 그의 '친화력과 고운 말씀'이었다. 세상의 온갖 분노와 미움과 시기와 질투와 욕심과 과시의 감정을 녹여내는 사랑의 용광로가 그의 마음에 둥지 틀고 있다. 그 마음에서 비롯된 고운 말씀과 특유의 친화력이 모든 것을 용납한다. "용납한다는 말은 적응한다는 말보다 더 적극성"을 띤다. "자연을 용납하고 사람을 용납하고 삼라만상의 모든" 것을 용납하는 삶의 태도가 너무도 굳건하게 그의 문학에 뿌리내리고 있다.

"나를 비우고" 남을 "나에게 들여 놓겠다"는 자기 자신과의 약속이, "고등정신에 이끌린 지점"(「문학의 본거지에 다가가기」)에 놓인 그의 문학에 고매한 품위를 부여했다. "보이는 것보다/ 보이지 않는 진실들이/ 내 시의 그늘이 된다는 것/ 내가 움켜쥐고 있는 일상은/ 대개 위선이었다는 것/ 그 후론 시의 아득한 내면이나/ 어둔 뒷등을 살피기 시작한 거야"(「시의 그늘」). 어둔 뒷등이나 아득한 내면을 살피면서 "핍진하는 추구력과 고양된 심혼의 개안開眼"으로 "정혼精魂을 기울여 쓴"(구상, 「현대시와 난해」) 사랑의 시편들에 시인의 진면목眞面目이 잘 나타나 있다.

시인 소재호/ 蘇在浩

- 해방둥이로 전북 남원에서 태어났다. 전주고등학교를 거쳐, 건국대학교(3학년)에 학적을 두었다가, 원광대학교 국어국문과에서 최종 학업을 마쳤다.
- 전주 완산고등학교에서 국어교사로 오래 봉직하다가 나중에는 교장직(8년)을 끝으로 약 36년간의 긴 교직 생활을 마쳤다. 현재는 완산고등학교 재단이사이다.
- 처음에는 수필을 쓰다가, 1984년 『현대시학』에 구상 시인의 추천 완료로 시단에 나와 오늘에 이른다.

전북문인협회가 발행하는 『전북문단』 주간을 맡은 후 줄곧 상임이사, 편집위원, 부회장을 거쳐 전북문인협회 회장에 선출되어 임기 3년(2004~2006)을 마쳤다. 다시 원광문인협회장에 선출되어 역시 임기 3년(2006~2008)을 무사히 마쳤다.

전주풍물, 전북수필문학회, 전주문협, 원광문협, 전북시협, 한국문협, 한국국제 PEN클럽 등의 동인이거나 회원이다. 전북예총 이사 및 감사를 역임했으며, 현 한국문협 문인권익옹호위원이다.

- 시집으로는 『이명耳鳴의 갈대』(시와시학사), 『용머리고개 대장간에는』(신아문예) 등이 있으며 문집 동인지가 다수 있다.
- 독립유공자 유족으로 대한민국 광복회원이며, 녹조근정 훈장, 대통령 표창, 백양촌문학상, 이철균시문학상, 녹색시인상 등을 수상했다.

E-mail: sojaeho9@hanmail.net

어둠을 감아 내리는 우레

지은이 | 소재호
펴낸이 | 설보혜
펴낸곳 | 시학 Poetics
1판1쇄 | 2009년 11월 20일
출판등록 | 2003년 4월 3일
주소 | 서울 종로구 명륜동1가 42
전화 | 744-0110
FAX | 3672-2674

값 8,000원

ISBN 978-89-91914-78-0 03810

* 저자와의 협의에 의해 인지를 생략합니다.
* 잘못된 책은 바꾸어 드립니다.